Inhalt:

Der Ballett-Tänzer Marko ist verschwunden. Eben noch lebte er in einem modernen Haus mit Pool. Nun offensichtlich entführt. Ike und Cliff reisend. Klara besorgt. Fynn beobachtend. Floyd bewundernd. Javier und Guilherme wissend. Sie beherrschen die schwierigen Fouetté turns und alle kreisen um Marko. In einer entsetzlichen Nacht im Schnee fing alles an.

AF219987

Abgebildete Tänzer und Schauspieler:

Vorderseite – Juan Negreira

Rückseite – Linus Gomolka

Cordt Mannigel

SCHNEE IST NICHTS NUR EINE SAMMLUNG VON SCHMELZENDEN KRISTALLEN

Tragische Komödie

Bibliografische Information der Deutschen Nationalbibliothek: Die Deutsche Nationalbibliothek verzeichnet diese Publikation in der Deutschen Nationalbibliografie; detaillierte bibliografische Daten sind im Internet über http://dnb.d-nb.de abrufbar.

© 2022 Cordt Mannigel

Herstellung und Verlag:
BoD – Books on Demand, Norderstedt

ISBN 978-3-7562-9320-9

SCHNEE IST NICHTS
NUR EINE SAMMLUNG VON
SCHMELZENDEN KRISTALLEN

Fouetté turns

Tragische Komödie

von Cordt Mannigel (Pseudonym)

Fortsetzung der Reihe

Tragische Komödie und modernes Theaterstück in sechszehn Szenen mit absurden Elementen und Musikeinsatz.

Dauer: ca. 60 Minuten

Berlin 2022

Rechte zur Aufführung, zur Veröffentlichung, Verbreitung auch in Auszügen und zu den Bildern liegen bei

shortvivant consulting GmbH

Nach Ableben des Autors oder nach Auflösung des Unternehmens ist die Tantieme an tiergebenden Tierschutzorganisationen eigenverantwortlich und angemessen zu leisten.

…ist das nicht zu offenherzig?

Schön anzusehen, ja. Das muss reichen.

Rollen (in der Reihe des Auftritts):

IKE

CLIFF

FYNN

FLOYD

KLARA

JAVIER

GUILHERME

Intro

(Musikeinsatz)

Zwei Autos fahren auf einer Straße im Schnee.

Eine unkenntliche Gestalt; quietschende Reifen und eine Kollision.

Der Vorhang öffnet sich.

Ein Tänzer zeigt beeindruckende Fouetté turns.

Am Sommerabend: Eine moderne Villa, mit klaren Strukturen, einige Fenster, eine offene Tür, ein Pool, ein umgekippter Stuhl, daneben Seile und ein Tuch, ein Tisch mit einem Smartphone.

Geräusche von zirpenden Grillen, einem Hund und vorbeifahrenden Autos.

Szene 1

(Licht an)

(Ike tritt auf und sucht)

(hektisch)

Ike: (ruft) Marko. Marko… Wo steckst du schon wieder? Komm schon.

(sieht den umgefallenen Stuhl) Ich habe keine Lust auf deine Spielchen. Die Reise war wieder lang. Also gut…

(stellt den Stuhl wieder auf, nimmt die Seile und das Tuch auf)

Spielen wir Räuber und Gendarm. Das magst du doch so.

(setzt sich hin, bindet sich das Seil um einen Unterarm und die Stuhllehne)

(dabei) Ich habe mich auf das Wiedersehen gefreut, weißt du das? Und erschrick mich nicht, so wie beim letzten Mal. Hörst du? Wie ich das hasse, wenn du aus dem Nichts auftauchst. Warst du heute schon schwimmen? Ist das Wasser kalt?... Ich traue mich da nicht rein. Es ist schön anzusehen. Das muss reichen.

Zögerst noch? Habe ich dich enttäuscht? All die Schritte habe ich geübt. Immer und immer wieder. Willst du es nicht sehen? Lass mich nicht allein. Verstehe…du willst es perfekt. Mit allem Drum und Dran.

(steckt sich das Tuch in den Mund)

(Cliff tritt auf)

Cliff: (forsch, vorwerfend) Du hast die Beifahrertür aufgelassen und die Scheibe nicht hochgekurbelt!

(nimmt sich zurück) Es tut mir leid. Ike.

Ich hätte längst die Mechanik reparieren und die Gelenke schmieren sollen. An einer Stelle platzt der Lack schon ab und das rohe Metall scheint durch. Ah, diese Farbe.

(Ike reagiert darauf, gefesselt und mit Knebel im Mund)

(wieder forsch, sieht Ike sitzend) Das glaube ich jetzt nicht. Oh, meine Knie.

Es ist noch ein gefüllter Koffer im Wagen. Genau genommen zwei. Kann dieser...nun sag doch mal...dieser Marko den nicht mal herausnehmen? Der steht doch noch im Saft. Wo steckt der eigentlich?

Sag mal, bist du entführt worden?

(nimmt Ike das Tuch aus dem Mund)

(tupft die Stirn) Wie drückend das geworden ist. Schön ist es hier. Hast du das bemerkt?

Ike: Das weiß ich längst. Wir sind zusammen angekommen. Wer soll mich so schnell entführen?

Cliff: Na hör mal. Die betagten Koffer steckten fest, haben sich quasi selbst verkeilt. Ich habe noch die

Türen verriegelt und dein Fenster wieder geschlossen...dabei ist die Kurbel abgebrochen...Die müden Reifen des Chevy verdienen auch mehr Druck und geteilte Aufmerksamkeit. Was da alles passieren kann.

Ike: Die Stoßstange ist verbeult. Hast du das bemerkt, Cliff? Das war doch neulich noch nicht.

Cliff: Also, was ist? Bist du inzwischen entführt worden?

Ike: Kannst du mich mal los machen?

Cliff: Also doch.

(„entfesselt" Ike)

Oh, meine Knie bringen mich noch um.

Ike: Wenn man tanzen will, muss man beweglich sein.

Cliff: Wer sagt das?

Ike: Marko.

Cliff: Ich rufe jetzt die Polizei.

(Cliff geht mit dem Koffer ab)

(Licht aus)

(Musikeinsatz)

Szene 2

(Licht an)

(Ein hellblauer Chevrolet steht auf dem Dach des Hauses)

(Das Smartphone auf dem Tisch klingelt)

(Musikeinsatz endet)

(Toneinsatz)

(Ike steht entfernt davon und streckt die Hände aus)

Ike: Marko?

(beobachtet weiter das klingelnde Smartphone)

Nun ist ja gut. Marko?

Geh doch jetzt mal ran. Und dann schau dir das an. Soll ich für dich tanzen oder nicht?

Wehe, du bist plötzlich einfach da. Oh, wie ich das verachte, dieses verdeckte Anstarren, das dich ins Vergnügen stürzt.

Wie unhöflich du bist. Das hast du von ihr.

(Das Smartphone klingelt weiter)

Siehst du. Wenn das wieder deine Mutter ist. Dann gehe ich da nicht ran.

Marko?

(Toneinsatz endet)

(Ike nimmt den Anruf entgegen)

Ja?...ja, das bin ich...

(selbstbewusst, übertrieben) Wer sind Sie?

Das habe ich nicht verstanden...Nein...rein akustisch nicht. Sie sprechen so undeutlich. So verzerrt.

Ent...was? Entfff? Entfloy...?

Das tut mir leid. Der Empfang ist hier nicht gut...wir sind nur auf der Durchreise und hatten bereits mit der Navigation Probleme. Fffunkloch. Flllachland. Ich dachte, ich kenne den Weg im Schlaf. Das Fenster ließ sich nicht schließen. Wir haben den letzten Schaden noch nicht ganz...und da ist noch mehr dazugekommen und meine Muscheln rauschen noch vom Wind.

Also nochmal, ich bin ganz Ohr.

Marko ist entführt worden? (beiläufig) Das habe ich schon verstanden. Und was wollen Sie jetzt von mir? Wie war Ihr Name?

(Gespräch endet)

Hallo? Hallo?...

(Licht aus)

(Musikeinsatz)

Szene 3

(Licht an)

(Cliff tritt auf)

(mit demselben Rollkoffer)

(Musikeinsatz endet)

Cliff: Die Klappe schließt auch nicht mehr. Ich habe den Koffer jetzt selbst herausbekommen…auch ohne diesen…Wer war das?

Ike: Wenn ich das wüsste. Es ging um eine Entführung.

Cliff: Ist dieser…Marko vielleicht entführt worden?

Ike: Das konnte ich nicht verstehen. Marko? Wir sind da. Du kannst jetzt rauskommen.

(Musikeinsatz)

(Licht verändert)

(Zentrale Tür beleuchtet, alles andere dunkel)

(bewegt sich plötzlich tänzerisch, als Silhouette)

Cliff: Was soll das werden?

Ike: Tanzen für die Hochzeit.

Cliff: Ich sehe keine Hochzeit und rufe jetzt die Polizei.

(Cliff geht mit Koffer ab)

(Licht aus)

Szene 4

(Fynn tritt auf)

(Licht an)

(offenes Hemd)

(Fynn steht eng neben Ike)

Ike: (erschrickt sich) Und wer sind Sie?

Fynn: Ich bin der Nachbar.

Ike: Und wo kommen Sie jetzt so plötzlich her?

Fynn: Na, von nebenan. Ganz innig.

(öffnet zufällig weiter das Hemd)

Ike: Hm…Ist das nicht zu offenherzig?

(schließt das Hemd, um es gleichzeitig wieder zu öffnen)

Was ist mit Marko passiert? Wissen Sie etwas?

(entfernt sich)

Fynn: (berührt die Wand, setzt sich in Szene, wie ein Tänzer) Marko hat getanzt, dabei die Wände geweißt und ist dann davongelaufen.

Ike: Wer…weiß?…vor wem?… ist er davongelaufen?

(Musikeinsatz endet)

Fynn: Ich weiß es nicht. Er war allein und kreidebleich.

Ike: Das ist ja wie beim „Kofferpacken". Also Marko hat getanzt, die Wände geweißt und ist dann davongelaufen. Er war allein und kreidebleich.

Fynn: Sind Sie ein Papagei oder was?

Ich erzähle mal in ganzen Sätzen und vollumfänglich. Er war allein und kreidebleich. Sein Mund schrie so entsetzlich. Immer dasselbe Wort. Verstanden habe ich es nicht. Ich hatte Kopfhörer auf und wollte mein Lied nicht verpassen. Lippen lesen ist nicht meins. Ich küsse sie doch lieber.

(bewegt intensiv seine Lippen)

Ich kann nicht so gut sehen. Mit dem Fernglas verfolgte ich die Jagd. Fragte mich, wer jagt da wen? Er war doch allein und schon kreidebleich. Rannte wie vom Jäger ertappt. Im Kreis herum. Wie im Tanz. (zeigt mit den Fingern eine Pirouette) Um sich herum. Wie selbst gehetzt. Immer wieder schrie er dieses eine Wort. Wollte fast meinen Kopfhörer abnehmen. Allein schon aus Neugier. Aber dieses meine Lied.

Marko sprach dann plötzlich. Mehr als ein Wort. Wie gesagt. Ich weiß nicht was, denn ich hatte die Ohren voll. Nicht mit sich selbst, wie sonst, wenn er allein war oder wenn wir spielten. Viel intensiver, als ob die Lippen galoppierten. Da war noch jemand...so ein Fernglas begrenzt. Alles, was sich nicht im Kreis befindet ist. Ist weg. Für ihn noch da. Das rief schon sein Mund. Wie in einer Zirkus Manege, wenn die Löwen losgelassen; was außerhalb passiert, findet zwar statt…jedoch nicht beleuchtet. Unsichtbar.

Er war so verändert. Ganz anders als der Marko, den ich kenne. Nassgeschwitzt kam er schnell in meinen sichtbaren Kreis zurück. Wie auf einer Bühne, wo die im Dunkeln sitzenden Zuschauer in eine Irre geführt werden sollen. Da wird was aufgeführt, dachte ich. Wollte schon rübergehen, viele Schritte wären es wohl nicht und ungefiltert hinsehen. Doch das träge Fernglas hielt mich fest und dieses abgespielte Lied, mein Lied, ganz eng an meinem Kopf.

Wie oft hatte er schon mit mir gespielt. Als Tänzer verlor er nie seinen Stolz. Montags trafen wir uns zum Wein. Genau hier und immer um acht. Bordeaux, Monastrell, Léon Millot, was weiß ich. Immer trocken, immer rot. Alles stand bereit. Keinen Tropfen rührte ich an. Betrunken bin ich so schreckhaft. Aus dem Nichts aufgetaucht führte Marko plötzlich wieder einen Dialog mit sich selbst. Zu erraten war jeden Montag, wer diesmal sein unsichtbares Gegenüber war. Immer ging es um den gleichen Wetteinsatz. Wenn ich verlor musste ich in den Pool, während er den Rest aus der Flasche trank, sich amüsierte und bewegte in Fouetté turns. Dabei flog der Wein an die Wand. Wie ein grausamer Aufprall.

An jenem Abend war ich nicht da. Nur ein Beobachter. Er sagte noch: „Heute brauchst du nicht zu kommen. Kein Spiel zu zweit. Ich tanze allein" Da war ich weit weg. (langsam) Das Fernglas reduzierte meinen Blick vom ersten Wein betrübt und betört von meinem Lied, dem ich mich nicht entziehen kann. Was ich sah? Was ich hörte? Ich erzähle mal in ganzen Sätzen und vollumfänglich. Marko saß auf einem Stuhl. Schaute mich an. Schaute woanders hin. Das Licht auf der Terrasse ging aus. Wie auf der Bühne, wenn das Stück beginnt. Es war so still. Dann wurde es wieder hell. Der Stuhl lag da. Nah am Wasser.

(zeigt auf den Stuhl) Jetzt ist er wieder aufgerichtet. Ist er zurück? Ich vermisse ihn und hätte gern die Zeit mehr genutzt.

Marko hatte in dieser Nacht seine Freiheit verloren. Das war erst…vielleicht zwei oder drei Wochen her. Vielleicht auch gestern. Und da war ja wieder Montag. Ich habe ihn seitdem nicht mehr gesehen. (Im Dialekt) Ich weiß nicht, warum und wer ihn getrieben (Dialekt endet), im Radio habe ich es verfolgt. Meine Lippen formen sich, wenn ich den Sprecher im Radio imitiere. Mit den Kopfhörern ist es mir noch näher. Ganz eng dabei. Ich versuche den ganzen Satz nochmal zu erinnern. Selbst im sichtbaren Kreis stehend, mit offenem Hemd, wie ein Tänzer und los geht's Marko: „In dieser Nacht wurde ein junger Ballerino der Royal Ballett-School angefahren… Zeugen bitte melden."

Im Hintergrund spielte mein Lied.

Ich dachte noch: Da gab es schon mal einen schrecklichen Unfall, genau an derselben Stelle, in dieser Kurve. Nicht weit von hier.

Ist doch komisch oder? Ist doch komisch.

(Licht aus)

(Fynn geht ab)

Szene 5

(Musikeinsatz)

(Licht an)

(bunte Liegestühle nahe dem Pool)

(Ike auf einem der Liegestühle)

(Cliff tritt auf mit demselben Rollkoffer)

(setzt sich hin)

(Musikeinsatz endet)

Ike: Isser jetzt weg oder was?

Cliff: Bin wieder da. Ike. Ist dieser Marko jetzt hier?

(setzt sich hin)

Ike: Der ist weg. Cliff.

Cliff: Ach ja, entführt. Und wann kommt er?

Ike: Erwarte ihn jeden Moment. Erst ein Spiel, dann der Hochzeittanz. Wie jedes Mal.

Cliff: (genervt, dann energisch) Was für eine Hochzeit und mit wem hast du gerade gesprochen?

Ike: Na, mit dem Nachbarn. Cliff.

Cliff: Und wo ist der jetzt? Ike.

Ike: Der ist weg. Eben war er noch da.

Cliff: Wohin?

Ike: Nach nebenan. Hat der einen Namen?

Cliff: Fynn.

Ike: Woher weißt du das?

Cliff: Geraten.

Und was sacht (sagt) er?

Ike: Wer?

Cliff: Der Nachbar. Dieser…wie heißt der noch?

Ike: Was weiß ich, der ist ja weg.

Cliff: Und vorher.

Ike: Wie vorher?

Cliff: Na, als er noch da war.

Ike: Er sacht (sagt), Marko ist weg.

Cliff: Also entführt. Sach (sag) ich ja.

Ike: Nein. Das glaube ich nicht. Will ich nicht glauben.

Cliff: Was soll dann mit diesem…wie heißt der noch?… Marko geschehen sein? Da lag ein Stuhl, ein paar Seile, ein Tuch… und jetzt steht alles wieder da. Der ist weg.

Ike: Es gibt einen Zeugenaufruf.

Cliff: (verwundert) Wer sacht (sagt) das?

Ike: Na, der Nachbar.

Cliff: Hat er überlebt? Ich meine…hat jemand irgendetwas gesehen?

Ike: Was gesehen?

Cliff: Na, wie alles geschah?

Ike: Vielleicht der Nachbar. Aber der ist jetzt weg. Gerade gegangen. Ums Eck.

Cliff: Das ist ja blöd.

Ike: Was meinst du?

Cliff: Ich hatte es so verstanden, dass Zeugen gesucht werden und so ein Nachbar ist ja kein verlässlicher Beobachter…der ist ja viel zu nah dran, um objektiv zu sein.

Ike: Ich möchte schon gerne wissen, was mit Marko passiert ist…

Cliff: Werde noch den letzten Koffer aus dem Auto holen und rufe dann die Polizei.

Oh, meine Knie.

(steht auf)

(Cliff geht ab)

(Licht aus)

Szene 6

(Licht an)

(Ike schaut durch ein Fenster ins Haus)

(Lichtwechsel)

(Floyd tritt auf)

(Floyd in einer Dusche, grazile Ballettpositionen)

(Musikeinsatz)

(Cliff tritt auf)

(Musikeinsatz endet)

Cliff: Was ist da?

(Ike erschrickt)

Der Nachbar? (erschrocken) Ist Marko etwa zurück?

Ike: Nein, das ist…da ist nichts.

Cliff: Da rauscht doch etwas.

Ike: Das ist der Pool. Komm, wir gehen schwimmen.

Cliff: Das können wir doch gar nicht.

(Licht aus)

(Musikeinsatz)

Szene 7

(Licht an)

(im Haus)

(Ike sucht übertrieben in den Taschen seines Mantels und hält dann das Smartphone in der Hand)

(Musikeinsatz endet)

(Cliff schaut mit auf das Smartphone)

Ike: Wäre schön, wenn er nochmal anruft.

Cliff: Marko?

Ike: Nein. Der Entführer.

Cliff: Also doch.

Ike: Sag ich ja.

(Das Smartphone klingelt)

Cliff: Jetzt ruft er an?!

Ike: Nein, ich bin auf die Taste gekommen.

Cliff: Ach so. Ich dachte schon…

(Ike spielt mit dem Handy herum)

Ike: Schau mal hier.

Cliff: Was denn?

Ike: Die vielen Anrufer. Alle von gestern.

Cliff: Das sind aber eine ganze Menge. (betont) Da ist auch dieser…(ahmt nach) ich bin der Nachbar.

Ike: Na, sag ich ja.

(Cliff grinst)

Ike: Was grinst du denn so blöde? Weißt du was?

Cliff: Was?

Ike: Ich schreibe sie mal auf.

Cliff: Alle? (lacht)

Ike: Was lachst du denn so blöde? Geht doch schnell.

(Licht aus)

(Ike geht ab)

(Cliff geht ab)

(Licht an)

(Musikeinsatz)

(Javier tritt auf)

(Javier tanzt)

(Licht aus)

Szene 8

(Klara tritt auf)

(Licht an)

(Klara hält ein Bild in der Hand)

(Musikeinsatz endet)

Weißt du, Marko. Seit du weg bist, kriecht das Gewürm hervor. Ich stand in jener Nacht hinter dem Haus. Mit dem Ohr am Gemäuer. Unserem Haus. Und habe mich nicht getraut, es dir zu sagen. Drinnen wie draußen kriecht es nun bunt herum. Nichts Gutes im Sinn. Erst lockst du, dann fliehst du. Bin dir als Stiefmutter wie eine Schwester, hast du mir einmal gesagt. Vertraust du mir nicht mehr?

Den Nachbarn habe ich im Blick. Obwohl er mich beschleicht. Im Haus hat sich ein Querulant eingenistet und fantasiert von einer Tat. Ein anderer fasst sich ans Knie und spielt mit seinem Gewissen. Überall treten sie gleichsam zu Tage, selbst wenn sie im Dunkeln hocken und sich erwischen. Und ich glaube, ich habe mich verliebt. In welchen? Was…? (als ob das Bild antwortet) …Keiner ist es wert. Sach (sage) ich ja.

(entsetzt) Was du von auch mir denkst. Es ist der mit dem wehenden Mantel. Genau, der bei dir fliegende Tanzstunden nimmt, um mich zu gewinnen. Er will für die Hochzeit perfekt sein. Und weißt du was?…Ist er nicht. Ich will ihn nicht und spiele oder tanze jetzt genauso mit.

(außer sich) Alle wollen etwas von dir. Marko. Alles dreht sich nur um dich. (zeigt mit den Fingern die Drehung) Fouetté turns. Da schert sich keiner um mich.

(Licht aus)

(Klara geht ab)

Szene 9

(Licht an)

(Ike tritt auf)

(Ike vor einer Wand voller Klebezettel in unterschiedlichen Farben, schreibt)

(Cliff tritt auf)

(Cliff schaut sich diese an und hält einen Teller Käse)

Cliff: Probier den mal.

Ike: Ich mag ja lieber Kuchen.

(Es sind gelbe Klebezettel zu sehen und nun zwei rote inmitten der anderen, ein grüner und ein blauer)

(beide essen Käse)

Ike: (mit vollem Mund) So. Fertig. Name, Beruf, Nummer.

(Ike klebt den letzten roten Zettel in die offensichtliche Lücke)

Cliff: (mit vollem Mund) Und der grüne?

Ike: Erst später.

Cliff: Und der blaue?

Ike: Kommt noch.

Cliff: Und die roten?

Ike: Vom Ballett.

Cliff: Warum die?

Ike: Täter kommen aus dem Umkreis. Das ist immer so.

Cliff: Wie jetzt?

Ike: Marko ist Ballerino. Mein Lehrer für den Hochzeitstanz. Verstehst du?

Cliff: Noch nicht ganz. Wann heiratest du?

Ike: Habe ich nicht vor…ist aber eine Voraussetzung. Ach, egal.

Rot ist wichtig. Alle roten Nummern sind Balletttänzer…wie Marko. Dort werden wir fündig. Das geht ganz schnell und zack haben wir den Entführer.

Cliff: Siehst du. Jetzt glaubst du auch an einen Entführer. Du meinst, das geht so rasch?

Ike: Ja, ja. Du ahnst es nur noch nicht. Das ist wie bei diesem Gesellschaftsspiel…ich komm nicht drauf…Würfeln, Karteziehen, Einkreisen, fertig.

Cliff: Da geht's ja um Mord. Nee, nee, eher wie ein Kinderspiel…Einkriegen. Anpirschen, Umzingeln und Abklatschen, fertig.

Ike: Oder wie das Spiel mit dem Hin und Hergehoppse „Himmel und Hölle", Huppekästchen, Paradiesspiel, Hinkekasten.

Cliff: Da geht's um Fegefeuer. Das spiele ich ungern in der Hitze und die Wolken lösen sich auf. Da hat der Himmel keine Chance.

Ike: Sach (sag) ich ja.

Cliff: Und was ist nun mit dem grünen Zettel? Und dem blauen?

Ike: Wir müssen mit irgendwas beginnen. Die roten leuchten ins Auge und ins Gewissen.

(Ike nimmt einen roten Zettel ab und tippt auf dem Smartphone die Nummer ein)

Ike: Nehmen wir den…Guilherme, Tänzer.

Cliff: Das muss doch nicht sein.

Ike: Fang die Maus mit einer Mausefalle.

(Videocall, ein Video aus einem Tanzsaal ist zu sehen)

(Guilherme tritt auf)

(Ein Tänzer ist in einem Studio zu sehen)

(Der attraktive Tänzer tanzt sehr professionell sechs „Fouetté turns" und bricht plötzlich zusammen, wie durch einen Autounfall angefahren)

(Ike unterbricht)

Ike: Komm mal her. Ich muss dich sprechen. Bist du Guilherme?

(Guilherme kommt nah mit seinem Gesicht an sein Smartphone heran)

Guilherme: Oi (Hallo in Portugiesich)

Ike: (Portugiesich, schlecht) Você conhece o Marko? Você sequestrou Marko? (Kennst du Marko? Hast du Marko entführt?)

Guilherme: (Portugiesich, perfekt) Dancei com ele. E ele é muito bonito. Ele sempre dizia: "Se você quer dançar, tem que ser ágil". (Ich habe mit ihm getanzt. Und er ist sehr schön. Er sagte immer: „Wenn man tanzen will, muss man beweglich sein.")

Guilherme: (deutsch, schlecht) Hast du das verstanden?

Ike: Hat er nicht. (Portugiesisch) Muito obrigado. (Vielen Dank.)

Guilherme: (Portugiesisch) Marko falou sobre seu irmão e ele está preso injustamente. (Marko hat von deinem Bruder erzählt und er sitzt zu Unrecht im Gefängnis.)

(Guilherme schaut weiter in die Kamera hinein, bewegt dabei Kopf, Mund, Gesicht)

Cliff: Was sacht (sagt) er?

Ike: Ich weiß ja auch nicht.

(Ike beendet das Gespräch)

(Guilherme geht ab)

(Ike nimmt den nächsten roten Zettel und liest)

Nehmen wir den Nächsten. Er heißt Javier, Tänzer.

(Videocall, ein Video aus einem Tanzsaal ist zu sehen)

(Javier tritt auf)

(Ein Tänzer ist in einem Studio zu sehen)

(Der attraktive Tänzer tanzt sehr professionell sechs „Fouetté turns" und bricht plötzlich zusammen, wie durch einen Autounfall angefahren)

(Ike unterbricht)

Ike: Komm mal her. Ich muss dich sprechen. Bist du Javier?

Javier: (Spanisch) Hola (Hallo)

Ike: (Spanisch, schlecht) Conoces a Marko? Secuestraste a Marko? (Kennst du Marko? Hast du Marko entführt?)

Javier: (Spanisch, perfekt) Bailé con él. Y él es muy hermoso. Siempre decía: "Si quieres bailar, tienes que ser ágil". (Ich habe mit ihm getanzt. Und er ist sehr schön. Er sagte immer: „Wenn man tanzen will, muss man beweglich sein.")

Javier: (Deutsch, schlecht) Hast du das verstanden?

Ike: Hat er nicht. (Spanisch) Muchas gracias. (Vielen Dank.)

Javier: (Spanisch) Marko contó sobre tu hermano y él está injustamente en prisión. (Marko hat von deinem Bruder erzählt und er sitzt zu Unrecht im Gefängnis.)

(Ike beendet das Gespräch plötzlich)

Cliff: Was sacht (sagt) er?

Ike: Genau dasselbe.

Cliff: Bringt es uns weiter?

Ike: Einen großen Schritt. Geh du mal schwimmen. Ich habe noch zu tun. Cliff.

Cliff: Das kann ich nicht. Ike.

(Cliff geht ab)

(Licht aus)

Szene 10

(Floyd tritt auf)

(Licht an)

(Ike schaut durch ein Fenster)

(Floyd unter der Dusche)

(Floyd tanzt weiter)

Ike: Marko muss weg.

(Floyd stoppt den Tanz und wirkt plötzlich hart, während das Wasser über sein Gesicht läuft)

Floyd: (stark amerikanisch) How do you know him? He's a dancer.

(Woher kennst du ihn? Er ist Tänzer.)

Ike: Was spielt das jetzt noch für eine Rolle? Habe keine andere Wahl.

Floyd: Why? I admire him. (Warum denn? Ich bewundere ihn.)

Ike: Frag nicht, willst das Geld oder nicht? Komm doch raus.

Floyd: I'm in the shower. Was a long night. I saw him twice. On stage. Fuette turns. Graceful, clear, narcissistic. I liked that. Wanted to do that once. Since I can't achieve that, it makes me angry. I will do it. Tell me what happend. Tell me what disappointed you…

(Ich stehe unter der Dusche. War eine lange Nacht. Zweimal habe ich ihn gesehen. Auf der Bühne. Fouetté turns. Grazil, klar, selbstverliebt. Das hat mir gefallen. Wollte das auch einmal machen. Da ich das nicht erreichen kann, macht es mich wütend. Ich werde das tun. Sag mir, was passiert ist. Sag mir, was dich enttäuscht hat.)

(Licht aus)

(Floyd geht ab)

(Ike geht ab)

Szene 11

(Licht an)

(Fynn tritt auf)

(Klara tritt auf)

(beide eng nebeneinander vor einem Glitzervorhang)

Klara: Weißt du, was ganz praktisch ist?

Fynn: Was denn?

Klara: Es gibt Schutz, wenn man zusammenwohnt.

Fynn: Wir wohnen nicht zusammen.

Klara: Na, hör mal. Bist doch der Nachbar. Du beobachtest mich doch.

Fynn: Das ist doch was völlig anderes. So ein Fernglas. Ich meine, da ist doch eine Linse dazwischen. Genaugenommen sogar mehrere. Das schafft Distanz.

Klara: Wieso schaust du mich jetzt nicht direkt an?

Fynn: Ich weiß nicht, das wäre so aufdringlich, so anzüglich. Das macht man einfach nicht.

Klara: Schön, dass wir jetzt hier zusammenstehen, so ganz eng.

Fynn: Mir ist das zu intim.

Klara: Ich finde es nicht schlimm, wenn du mich beobachtest.

Fynn: Ich beobachte dich doch nicht. Wie kommst du darauf? Ich schaue dir vielleicht zu.

(Fynn und Klara Gesicht an Gesicht, Nase an Nase)

Klara: Darf ich dich was fragen?

Fynn: Jetzt hier? Kannst du mich nicht anrufen? Will nur deine Stimme hören.

(Pause)

Darf ich dich auch was fragen?

Klara: Ja, los.

Fynn: Bist du Ike nicht viel näher?

Klara: Son Quatsch. Er besucht Marko. Nicht mich.

Fynn: So ein Fernglas ist scharf. Marko trifft er, um den Tanz zu lernen.

Klara: Sach (sag) ich ja. Einen Hochzeitstanz.

Fynn: Der für euch bestimmt ist.

Klara: Einen Tanz, der ihn für jede Frau interessanter macht. Für jede.

Fynn: Auch für dich?

Klara: Das ist mir jetzt zu persönlich.

(Beide schauen wieder nach vorne, etwas distanzierter)

Klara: (fordernd) Was hast du in jener Nacht beobachtet?

Fynn: (naiv) In welcher?

Klara: Gibt es mehr Eindrücke als nur den einen?

Fynn: Ich würde dich gerne mit zu mir nehmen. Und dir zeigen, was ich alles sehen kann.

Klara: Und warum tust du es nicht?

Fynn: Weil es mir zu nah wäre.

Klara: (fordernd) Was hast du gesehen?

Fynn: Ich kann auf die Straße sehen, auf die Kurve, die die Fahrer nicht einsehen können, gleich da drüben, mal im Schnee, mal im Schlamm…

Klara: Da schneit es?

Fynn: Ja nur einmal…und ich kann auf die Terrasse blicken, die für andere nicht ersichtlich ist. Mal im Licht, mal im Schatten. Da habe ich beides im Blick. Das geht auch ohne Fernglas. Aber mit ist es klarer. Klara.

Klara: (lacht, dann wieder ernst) Marko ist weg. Den nimmt mir keiner. Ohne meinen Sohn, zerbreche ich. Drehe ich mich im Kreise. Wie in fouetté turns.

Was hast du gesehen? Unter uns. Ich stand hinter dem Haus.

Fynn: Du warst da? Wenn du hier wärst, hättest du es selbst gesehen. Habe Gutes und Schlechtes gesehen.

Klara: (energisch, schnell) Kannst du mal konkreter werden? Das ist kein Puzzle, wo ewig Zeit erlaubt ist, um es zusammenzufügen. (langsam) Was ist mit meinem Sohn passiert?

Fynn: Das ist jetzt aber sehr theatralisch.

Klara: Wir sind im Theater! (fragt deutlich nach) Was ist das Gute?

Fynn: Marko hat ausgiebig getanzt. Lebensfroh.

Klara: Und was ist das Schlechte?

Fynn: (ganz nah, halten innig die Hände) Das wir uns nun verlieren.

(Hände gehen auseinander)

Klara: (angreifend und wieder nah) Ja, weil du lügst. Du hast Marko im Lichtkegel gesehen und sonst niemand.

Fynn: Das stimmt nicht. (leidend) Warum sagst du das? Du standest doch hinter dem Haus.

Klara: Ach, das hast du mit deinem Fernglas gesehen? Meine Ohren reichen, so kurzsichtig wie du bist. Da war außer Marko sonst niemand. Obwohl…

Fynn: Ja?

Klara: Kurz vorher hat dich Cliff besucht und er hat dir Geld versprochen für die Wahrheit, die seinen kleinen Bruder entlasten würde. Diesen Benjamin. Marko war längst weg. Was wollte er von dir?

Fynn: Hast du ihn gesehen?

Klara: Das war nicht nötig. Jedes Wort habe ich verstanden. Cliff sagte: Warum hast du uns in der Nacht im Schnee verfolgt?

Fynn: Wie kann er das sagen? Er war doch betrunken. Ich habe ihn weggeschickt, aber er wollte nicht gehen.

Klara: Cliff war ganz klar. Oder was meinst du? Und was meinte er?

Fynn: Also gut. Marko war gegangen. Er hatte mir genau diktiert, was ich zu berichten hätte und es sei wieder ein Spiel. Marko sagte: „Erzähl Ike folgendes …Ich wurde verfolgt und gehetzt...und war weiß und kreidebleich." Aber eins habe ich doch noch gesehen.

Klara: Du gibst keine Ruhe. Brings zu Ende. Aber lass meinen Sohn aus dem Spiel.

Fynn: In der Nacht wurde ein junger Ballerino der Royal Ballett-School angefahren…

Klara: Das hast du doch schon mal apostrophiert.

Fynn: Der im Radio sagte: „Zeugen bitte melden." Es war genau da drüben. Wenn du mal zu mir kommen würdest, die Nähe erlaubst, dann hättest du es auch gesehen.

Klara: Dann melde dich doch bei der Polizei. Ich komme mir vor wie im Labyrinth des Minotaurus. Oh, wie ich dieses Puzzeln hasse. Spucke es doch endlich aus. Ich greife dir gleich selbst in den Hals und hole es heraus. Dann hast du deine Nähe. Wurde mein Sohn angefahren? Ist er tot? (Pause) Soll ich dich würgen, damit du es hervorbringst, was in dir drinsteckt? Ich lass dich ran, wenn du es mir sagst. Aber komme mir nicht zu nah.

Fynn: Ein Tänzer wurde angefahren…und er hat es nicht überlebt.

Klara: (langsam und deutlich) War es Marko?

(Pause)

Fynn: Nein.

(Klara sackt bei Fynn zusammen; wie im Tanz)

(Licht aus)

(Klara geht ab)

(Fynn geht ab)

(Musikeinsatz)

(Licht an)

(Javier tritt auf)

(Javier tanzt)

(Licht aus)

(Javier geht ab)

Szene 12

(Ike tritt auf)

(Cliff tritt auf)

(Licht an)

(Ike steht auf einem Stuhl mit etlichen unterschiedlich blauen Ballons, fast schwebend auf einem Bein)

(Cliff in der Nähe)

(Floyd tritt auf)

(Floyd lehnt mit nasser Kleidung an einer weißen Wand)

(Musikeinsatz endet)

Ike: (zu Cliff) Bring mir mehr Ballons, wie diese. Ich will alles von oben betrachten. Vielleicht finde ich dann Marko.

(Ike übergibt Cliff mehrere blaue Ballons)

(Cliff übergibt diese an Floyd)

Cliff: (zu Floyd, flüsternd) Kann ich dich kurz sprechen?

Floyd: (flüsternd) Sag wann. Hast du Marko gesehen?

Cliff: Na hör mal. Ich melde mich.

(Cliff geht ab)

(Floyd hält mehrere blaue Ballons in der Hand, schaut zu Ike)

(Floyd stößt die Ballons in Richtung Ike weg und behält zunächst einen in der Hand)

(stark amerikanisch)

Floyd: You depend on me.

(Du bist von mir abhängig.)

(lässt den letzten Ballon knallen)

The water is cold. Look at me. I don't mind. Can dive up and down as I please.

(Das Wasser ist kalt. Schau mich an. Das macht mir nichts. Kann auf- und abtauchen wie es mir gefällt.)

Ike: Bring es zu Ende. Ich kann mich bald nicht mehr halten. Wie oft hast du das schon gemacht?

Floyd: So far only a few burglaries, here and there a theft. Let's talk about you.

(Bisher nur ein paar Einbrüche, hier und da ein Diebstahl. Reden wir lieber über dich.)

I've done a lot, but I can't believe what you guys have done. That got me out of shape. This is worse than I imagined. Someone roasted a stork for me. The horses ran away with me. I would have become a Samaritan with what I saw. I lost faith there.

(Ich habe schon viel gemacht, aber was ihr getan habt, kann ich nicht glauben. Das ließ mich aus der Form geraten. Das ist schlimmer als ich geahnt. Da brat mir einer einen Storch. Da sind bei mir die Pferde durchgegangen. Da wäre ich zum Samariter geworden, bei dem, was ich gesehen habe. Da habe ich den Glauben verloren.)

So your brother was sitting next to you in the front and your second brother in the back? Oh no. No, no, no. Exactly reversed. One in front and the other in the back. It doesn't really matter who sat where. In any case, you were sitting at the front, at the wheel.

(Also vorne saß direkt neben dir dein Bruder und hinten dein zweiter? Ach nein. Nein, nein, nein. Genau umgekehrt. Vorne der eine und hinten der andere. Es ist ja auch völlig egal, wer wo saß. Du jedenfalls vorne, am Steuer, bist gefahren.)

You can't take much, can you? When I go swimming at night, I'm always drunk and do my laps, you can use a ruler there. In the water I feel free, outside even in summer it's like the guilt freezes.

(Ihr vertragt nicht viel, oder? Wenn ich nachts schwimmen gehe, bin ich immer betrunken und ziehe meine Bahnen, da kannst du ein Lineal anlegen. Im Wasser fühle ich mich frei, außerhalb ist es selbst im Sommer, als ob die Schuld gefriert.)

You were all drunk, weren't you? And it threw you off track.

(Betrunken wart ihr wohl alle gewesen, oder? Und es hat euch aus der Spur geworfen.)

(Licht aus)

(Musikeinsatz)

(Licht an)

(Guilherme tritt auf)

(Guilherme in einem Tanzsaal, wehrt nicht vorhandene Fans, Stalker ab und zeigt dann alleine einen Hochzeitstanz)

(Licht aus)

(Guilherme geht ab)

(Licht an)

(Musikeinsatz endet)

Floyd: Three brothers in a chevrolet bel air. I think the light blue ones look so unmanly and the windows are so difficult to crank. And the trunk is so damn small.

(Drei Brüder in einem Chevrolet Bel Air. Ich finde, die hellblauen sehen so unmännlich aus und da lassen sich auch die Scheiben so schwer kurbeln. Und der Kofferraum ist so verdammt klein.)

I imagine you picked me up that night after I'd been hoping for a fucking ride in the cold for three hours.

(Ich stelle mir vor, ihr hättet mich an jenem Abend aufgegriffen, nachdem ich schon drei Stunden in der Kälte auf eine scheiss Mitfahrgelegenheit hoffte.)

In my hand a stolen bottle of wine. My third robbery at a nearby gas station. That's where this Marko works. At night there is not much going on and keep watch him through the window while dancing (shows loops with his fingers). Fouette turns. I imagine how we would have boarded your chevy together. The mood would have been great and we would have heard this song on the radio and sung and warmed each other.

(In der Hand eine gestohlene Flasche Wein. Mein dritter Überfall einer nahen Tankstelle. Da arbeitet dieser Marko. Nachts ist da nichts los und beobachte ihn durch die Scheibe beim Tanzen (zeigt Schleifen mit den Fingern). Fouetté turns. Ich stelle mir vor, wie wir gemeinsam in euren Chevy eingestiegen wären. Die Stimmung wäre großartig gewesen und wir hätten im Radio dieses Lied gehört und gesungen und uns gegenseitig gewärmt.)

Unfortunately we missed each other because I went back to the gas station and a homeless man came towards me. I gave him my bottle of wine. It had gotten even colder and I told him: Snow is nothing, just a collection of melting crystals.

(Leider haben wir uns verpasst, weil ich nochmal zur Tankstelle zurückgegangen war und da kam mir ein Obdachloser entgegen. Ihm gab ich meine Flasche Wein. Es war noch kälter geworden und ich sagte ihm: Schnee ist nichts nur eine Sammlung von schmelzenden Kristallen.)

Your chevy skidded on the mirror-smooth road. In fouette turns you caught the homeless man who suddenly appeared between the trees like a figure of light.

(Eurer Chevy kam ins Schleudern auf der spiegelglatten Strasse. In fouetté turns habt ihr den Obdachlosen erfasst, der so plötzlich zwischen den Bäumen wie eine Lichtgestalt erschien.)

I wouldn't have left him, I wouldn't have set the youngest brother Benjamin behind the wheel instead of you. Don't cover up the act. Don't blame the innocent. And now you're asking me to kill Marko?

(Ich hätte ihn nicht liegengelassen, nicht den jüngsten Bruder Benjamin anstatt deiner ans Steuer gezogen. Nicht die Tat vertuscht. Nicht die Schuld dem Unschuldigen übertragen. Und jetzt verlangst du, dass ich Marko töten soll?)

(Licht aus)

(Floyd geht ab)

(Ike geht ab)

Szene 13

(im Haus)

(Ike tritt auf)

(Cliff tritt auf)

(Licht an)

(Das Smartphone klingelt)

Ike: Jetzt ruft er an.

(Cliff ganz neugierig)

Cliff (flüsternd): Wer ist es?

(Ike winkt ab)

Cliff: (flüstert weiter) Nun sag schon.

Ike: (flüstert übertrieben) Es ist der Nachbar.

(Fynn tritt auf)

Fynn: Ich habe etwas entdeckt.

Cliff: Was sacht (sagt) er?

Ike: Er hat etwas entdeckt…

(zu Fynn) Sag mal was!

(Cliff drückt Ike eine Torte ins Gesicht)

Ike: Ich glaube, das war jetzt gerade wichtig.

(zu Fynn) Kannst du es nochmal sagen?

(Cliff drückt Ike eine weitere Torte ins Gesicht)

Ike: Nicht in die Ohren. Dann verstehe ich ja nicht, was er Entscheidendes zu erzählen hat. Ich glaube, er weiß jetzt, wer von den Ballett-Tänzern der Entführer ist.

(Ike schleckt die Torte)

Die Verbindung ist unterbrochen. Ist ja blöd. Hm, lecker. Jetzt ist er wieder dran.

(zu Fynn) Nun sag schnell.

(Fynn sichtbar und lässt sich Zeit)

Fynn: Marko wurde…

(Fynn wird eine Torte ins Gesicht gedrückt)

(Die Verbindung bricht ab)

(Fynn geht ab)

Cliff: Jetzt ist er weg.

Ike: (wie gereimt) Die Tortenschlacht hat's ans Licht gebracht.

Cliff: Ich muss Dir noch was zu Fynn, diesem Nachbarn sagen. Es muss jetzt raus.

Ike: Das hat Zeit. Das Gesicht muss ich waschen. Und ich muss Klara noch einmal sehen. Hol mir die Ballons!

(Licht aus)

(Cliff geht ab)

(Ike geht ab)

Szene 14

(Ike tritt auf)

(Klara tritt auf)

(Licht an)

(Ike steht wieder auf einem Stuhl mit etlichen blauen Ballons in der Hand und fast schwebend auf einem Bein, grazil, tanzend)

Ike: Gleich hebe ich ab.

Klara: (schaut zu Ike) Du brichst dir noch den Hals.

Ike: Ich habe abgenommen. Siehst du das?

Klara: Ja, mein Mäuschen. Aber das wird nicht reichen. Du musst auch tanzen können. Sonst heirate ich dich nicht.

Ike: Du willst mich ja gar nicht. Hast mich nie beachtet.

Klara: Das kommt noch. Wenn du den Hochzeitstanz kannst, dann wird sich schon eine Frau für dich interessieren. Erst der Tanz, dann die Frau.

Ike: (hart) Ich will nur dich. (gibt Klara einige Ballons)

Klara: Geduld. Weich, ganz weich. Wie viele Schritte tanzt du denn schon?

Ike: Habe mit Marko viel geübt. Marko ist sehr streng.

(Licht dunkler)

(Der Vorhang öffnet sich)

(Javier tritt auf)

(Licht heller)

(Javier in einem Tanzsaal; zeigt alleine einen Hochzeitstanz, bricht diesen ab und geht verärgert auf Ike zu)

Javier: (hart/energisch, Spanisch) Ve más suave, haz un esfuerzo… (Los, weicher, gib dir Mühe…)

(Licht dunkler)

(Javier geht ab)

(Licht heller)

Ike: Aber er ist weg. Hast du ihn gesehen?

Klara: Nein. Ich vermisse auch meinen Sohn. Er ist schön und so verspielt. Was für ein Talent. Warst du mal in seiner Schule? Kennst du die Mühen? Kennst du all seine Freunde? Die unter sich sind? Eng verbunden. An Wochenenden Aufführungen, wenn es gut läuft auch montags. Ein Zuschauer brachte ihm stets Blumen danach, ein weiterer wollte ihn sogar küssen, andere schrieben irgendwelche dahinschmelzenden Zeilen, weil sie selbst so sein wollten wie er. Das hält doch keiner aus.

Ike: Ich kann mich nicht mehr halten.

Klara: Du willst Marko sagen, dass du dich nicht zehn Minuten auf einem gestreckten Bein halten kannst?

Und sag mal… Was hast du in der Nacht im Schnee gemacht? Da schneit es einmal in hundert Jahren. Schämst du dich nicht? Das wird alles rauskommen.

Ike: Hat Marko dir irgendetwas davon erzählt?

Klara: Alles. Und Cliff hat den Nachbarn besucht. Nachdem Marko verschwand.

Ike: Wir sind nicht mal verheiratet. Ich flieg jetzt davon.

Klara: Wie denn auch? Du beherrschst deinen Tanz noch nicht. Du bist so jämmerlich. Du stiehlst dich weg. Hast ihn einfach liegengelassen nach dem schrecklichen Aufprall. Im Schnee.

(Licht aus)

(Klara geht ab)

Szene 15

(Cliff tritt auf)

(Licht an)

(Ike und Cliff stehen erneut vor einer Wand voller Klebezettel; es sind mehr als vorher)

(Cliff schaut sich genau die Zettel an)

Ike: Da kommst du nicht nach. Es werden immer mehr.

Cliff: Wo kommen die alle her?

Ike: Alle auf seinem Smartphone.

Zuschauer, Stalker, Besucher, Anrufer, Bewunderer, Enttäuschte, Männer wie Frauen.

(Cliff greift einen gelben Zettel heraus)

Cliff: (zeigt Ike diesen) Hast du sie nicht mal erwähnt?

Ike: Klaro, Klara, Markos Stiefmutter. Sie will mich nur, wenn ich den Hochzeitstanz beherrsche. Und sie hat dich erwähnt.

Cliff: Mich? Ich bin ihr nie begegnet. Und? Kannst du ihn? Den Tanz. (lacht)

(Ike zerknüllt den Zettel)

Ike: Was lachst du denn so blöde?...Weißt du, was unglaublich ist?

Cliff: Was?

Ike: Frauen wollen mich nur, wenn ich tanzen kann.

Cliff: Was ist so schlimm daran?

(Lichtwechsel)

Ike: Erinnerst du dich an den Abend im Schnee? An diese Feier? Wir drei waren die einzigen Männer. Um uns hundert Frauen.

Cliff: Du übertreibst.

Ike: Habe sie nicht gezählt. Fünfzig.

Cliff: Zehn. Eigentlich war da gar nichts los. Die Musik war lausig. Und du beginnst plötzlich zu tanzen.

Ike: Was ist so schlimm daran?

Cliff: Es war ein Hochzeitstanz. Das passte nicht zur Musik und du tanzt allein. Nicht wirklich gut. Keine der Frauen hat es interessiert. Sie haben nicht einmal hingeschaut. Oh Gott, war das peinlich. Du warst völlig betrunken und hast geschrien: Ich bin für die Hochzeit bereit, gefällt es euch nicht? Und draußen fing es an zu schneien. Das gab es hier noch nie.

Ike: Unser jüngster Bruder hat sich für mich entschuldigt und jeder Frau einen verlegenen Kuss auf die Wange…Sie haben mit ihm gescherzt, getrunken und getanzt. Umschlungen und wir standen alleine herum. Haben im Kühlschrank nach mehr Wein gesucht und…gefunden. Und die herabfallenden Kristalle durch das Fenster gezählt. Fünf, zehn, hundert, tausend…Und dann sagst du…

Cliff: (fordernd) Komm, Benjamin. Lass und endlich gehen. Er sagte: Ich möchte noch bleiben. (mahnend) Draußen ist Schnee. Und er trank immer weiter und schaute nicht einmal hin.

Ike: In dieser Gegend gab es noch nie Schnee. Das war unglaublich schön.

Cliff: Ich antwortete ihm: Schnee ist nichts nur eine Sammlung von schmelzenden Kristallen.

Ike: Und dann sind wir gefahren.

Cliff: Du (!) bist gefahren. Völlig besoffen. Ich hasse diese Farbe des Chevrolets. Wie ein Blue Lagoon. Dieser Cocktail voller Eis, der so richtig brennt.

Ike: Er ist blau und Benjamin schläft wie ein unschuldiger Siebenschläfer, sitzt direkt neben mir. Den Kopf an der kalten Scheibe angelehnt und den umherfliegenden Kristallen nicht mehr mächtig zu folgen.

Cliff: (trinkt aus der Flasche Wein) Und ich hinten und rufe: Mach das Radio an. Und es spielte ein Walzer. Und du bewegst das Steuer im Takt dazu. Und er schläft, selig und süß.

Und ich denke mir, wenn da jetzt ein Lonesome Coybow am Straßenrand steht, der gerade einen Saloon überfallen hat und von seinem getreuen Gefährten begleitet wird, der eigentlich das sagen hat. Dann…

Ike: Was wäre dann?

Cliff: Da war nichts. Es war wohl das Lied „Lonesome", was die Phantasie in diesem Autoradio nach dem Walzer antreibt.

Ike: Diese Kurve. Nicht weit entfernt von hier. Unübersichtlich.

Cliff: Und dann erscheint da ein Mann.

Ike: Das war eine Lichtgestalt.

Cliff: Weil der Scheinwerfer sich am Schnee bricht.

Ike: Ich habe diesen Mann überfahren. Und dann Benjamin ans Steuer gezogen.

(Lange Pause)

Cliff: Das weiß ich doch und habe dir geholfen, unserem Bruder die Schuld zu geben.

Ike: Ach ja. Wir waren ja zusammen und ich habe es später Marko erzählt.

Cliff: (außer sich) Was hast du?

Ike: Er hat es in der Schule weitergetragen. Javier und Guilherme wissen, dass Benjamin zu Unrecht im Gefängnis sitzt.

Cliff: Wie scheinheilig du bist. Es war ja der Plan. Unser Jüngster schuldet uns etwas.

(Lichtwechsel)

Ike: Es geht ja noch weiter…Nimm mal den blauen Zettel.

(Cliff nimmt den blauen Zettel ab und in die Hand)

Cliff: Floyd…Mit dem habe ich längst gesprochen. Diesen selbstverliebten schönen Schuft. Nennt sich auch Birdy. Flieg, flieg, flieg. Wie eine Schneeflocke.

Ike: (außer sich) Was hast du?

Cliff: Na, mach mal halb lang. Ich kenne ihn noch von früher. Floyd hat sich die Nase an der Scheibe des Ballsaals plattgedrückt. Und weißt du was? Er hat sie niemals durchbrochen. Was hast du mit ihm zu tun?

Ike: Als ich Markos Liste sah, dachte ich, dieser Floyd ist mir was schuldig. Er hat hier geduscht.

Cliff: Was, hier im Haus?

Ike: Ja, er wollte in Markos Nähe sein und ich habe ihn angesprochen und (zeigt die Gänsefüßchen) „vorgeschlagen", dass er sich um Marko „kümmert" (zeigt die Gänsefüßchen). Weil die Tänzer von ihm zu viel erfahren haben.

(Ike und Cliff schauen sich lange an)

Ike: Floyd wird gleich hier sein.

Cliff: Das muss er nicht.

Ike: Was meinst du?

Cliff: Marko ist doch entführt worden.

Ike: Also stimmt es. (fängt an zu lachen) Entschuldige, dass ich lache.

Cliff: Was lachst du denn so blöde?

Ike: Nimm dir den grünen Zettel.

(Cliff nimmt den grünen Klebezettel und liest)

Ike: Und was steht da?

Cliff: Mein Name. Cliff (lacht).

Ike: Was lachst du denn so blöde? Du bist der Entführer. Marko muss weg. Wo ist er also? Mach schnell. Floyd ist gleich da.

Cliff: Ich habe ihn…

(Floyd tritt auf)

Floyd: Wo ist Marko?

Ike: Das klären wir gerade.

Cliff: Und wer ist das?

Ike: Na Floyd.

Cliff: Der Nachbar? Ein Dealer?

Ike: Wahrscheinlich auch. Der Nachbar ist Fynn. Nein, Floyd ist der Killer. Du kennst ihn doch.

Cliff: Ich dachte, das bin ich…Ich habe Marko überfahren. Genau an derselben Stelle in dieser Kurve, gleich hinter dem Haus…Das ist aber auch unübersichtlich. Meine Knie schmerzen seit dem Aufprall. Und das ist ja schon der zweite. Immer auf dieselbe Stelle. Weißt du, wie weh das tut?

Ike: (zu Floyd) Dann hat es sich wohl erledigt. Kümmere dich jetzt am besten um die beiden Tänzer aus seiner Gruppe.

Marko hat beiden von unserer Fahrt im Schnee erzählt.

Floyd: (plötzlich auf die beiden fokussiert, drohend) Passt mal auf Jungs.

(Ike und Cliff stecken die Köpfe zusammen)

Marko ist so, wie ich nie sein kann.

Ike: Deine Anwesenheit ist jetzt nicht mehr von Nöten.

Cliff: Hast du nicht gehört? Es ist für dich nichts mehr zu tun. Du bist ein Hirngespinst, ein Lonesome Cowboy. Wenn ich jetzt die Augen schließe und gleich wieder öffne bist du weg...Wieso bist du noch da?

(betroffen) Es tut mir leid, dass ich deinen Marko...überfahren habe.

(Licht aus)

(Licht an)

(Floyd stößt vier weiße Ballons weg)

(Licht aus)

(Licht an)

(Ike und Cliff stehen am Pool, es schneit und sie erfreuen sich an dem Schnee)

(Licht aus)

Szene 16

(Licht an)

(Ike und Cliff hängen an Seilen und fast in den Pool fallend; beide Nichtschwimmer)

Cliff: Das muss ja jetzt nicht sein, Floyd. Lass mal los. Ich habe das vorhin nicht so gemeint. Dein Marko ist noch nicht verloren.

Ike: Wie verloren?

Cliff: Na, er lebt noch.

Ike: Wer sacht (sagt) das?

Cliff: Der Nachbar.

Ike: Du hast ihn gesehen? Mir wird kalt. Beeil dich. Ehe er uns wirklich loslässt.

Cliff: Also gut. Ich wollte mit dem Nachbarn sprechen. Noch kurz bevor du wieder eine deiner Tanzstunden mit Marko hast. Unser Chevy kam im Schlamm ins Rutschen. Drehte sich. Ich dachte, ich habe Marko überfahren. Es war nicht Marko. Marko war längst weg.

Ike: Wer war's dann?

Cliff: Der Nachbar hatte ein Verhältnis mit Guilherme. Einem der Tänzer aus seiner Schule. Als dieser rasch in der Nacht verborgen das Haus verließ, trat er in der Kurve auf die Straße. Dann Aufprall. Oh, meine Knie.

Ike: Der Nachbar hat es beobachtet?

Cliff: Ja, genau.

Ike: Na, dann hat er dich in der Hand.

Cliff: Keineswegs. Willst du nicht wissen, was ich bei dem Nachbarn wollte?

Ike: Na, vermutlich, um Markos Entführung vorzutäuschen.

Cliff: Ja, genau. Aber das war nicht der Grund meines Besuchs.

Ike: Ich kann mich lange nicht mehr halten. Floyd. Mach schnell.

Cliff: Wir kennen den Nachbarn beide…

Ike: Verstehe kein Wort.

Cliff: …aus dieser Nacht im Schnee. Du hast den Mann damals nicht überfahren.

Ike: Daran kannst du dich erinnern? Du warst doch betrunken.

Cliff: Keinen Schluck. Also dieser Nachbar, Fynn…

Ike: Du erinnerst dich an den Namen?

Cliff: Ja, wie soll ich den auch vergessen?...Fynn ist uns gefolgt. Er war auch auf der Feier. Er hat den Mann beim Überholen unseres Chevys angefahren, dann die Polizei gerufen, um auf uns zu lenken. Benjamin, unser Bruder, ist frei.

Ike: Und heute? Ist er auch für Markos Verschwinden verantwortlich?

Cliff: Nein, Marko wollte einfach mal weg.

Ike: Ah, und er hat es beobachtet?

Cliff: Ja, aber da war Marko längst fort und der Nachbar eingeweiht.

Ike: Er soll aber immer und immer wieder dieses eine Wort gerufen haben, das der Nachbar nicht hörte weil ihm die Musik auf seinem Kopfhörer wichtiger erschien. Was für ein Lied? Was für ein Wort?

Cliff: Er hörte „Lonesome"…das verklärt.

Ike: Und das Wort?

Cliff: Schnee. Wie eine Hoffnung. So unwahrscheinlich. Und willst du jetzt noch tanzen?

Ike: Ach ja, Hochzeitstanz. Das ist ja auch so ein Hirngespinst. Klara will es doch gar nicht.

Floyd: Schnee ist nichts, nur eine Sammlung von schmelzenden Kristallen.

(Floyd schaut plötzlich zur Seite)

Floyd: Marko?

(Licht aus)

(Toneinsatz: Aufschlagen auf Wasser)

(Licht an)

(eine Tänzer-Silhouette, sehr kurz mit einer Pose)

(Licht aus)

(Licht an)

(Zwei weiße Ballons liegen vor dem Haus, zwei weitere schwimmen im Pool dicht nebeneinander)

(Licht langsam aus)

(Musikeinsatz)

(Licht an)

(Verbeugung)

(Licht aus)

(Der Vorhang schließt sich)

Besetzung Uraufführung 2022 in Berlin:

IKE	Olaf Meier
CLIFF	Ralf Blank
FYNN	Joscha Dittrich
FLOYD	Linus Gomolka
KLARA	Ann Chaterine Krippner
JAVIER	Juan Negreira
GUILHERME	João dos Anjos

Die Inszenierung wurde aufgezeichnet und als Stream aufgeführt.

Bei Interesse nehmen Sie bitte mit dem Theater shortvivant Berlin Kontakt auf.

Ike: Wehe, du bist plötzlich einfach da. Oh, wie ich das verachte, dieses verdeckte Anstarren, das dich ins Vergnügen stürzt.

Fynn: Da wird was aufgeführt, dachte ich.

Mit dem Fernglas verfolgte ich die Jagd. Fragte mich, wer jagt da wen?